まちごとチャイナ

Shanghai 002 Pudong
浦東新区
最先端が生まれる「未来都市」

Asia City Guide Production

【白地図】上海市街

CHINA
上海

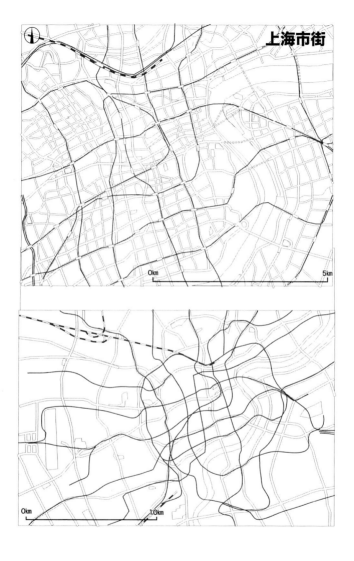

【白地図】浦東空港～市街

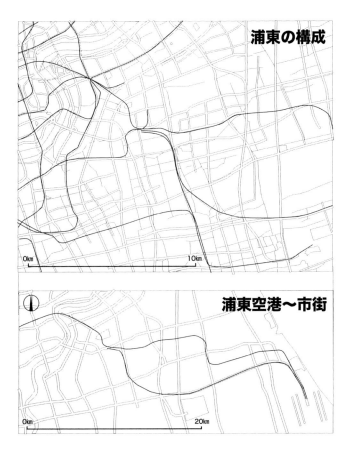

【白地図】浦東（陸家嘴）

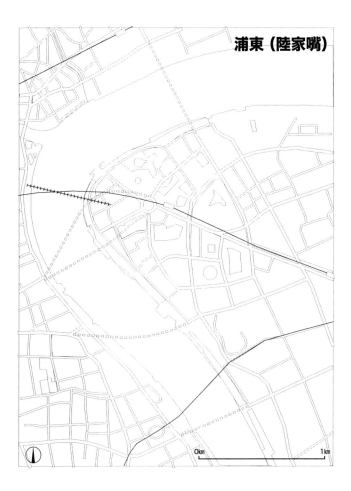

【白地図】陸家嘴

上海と世界の高層建築

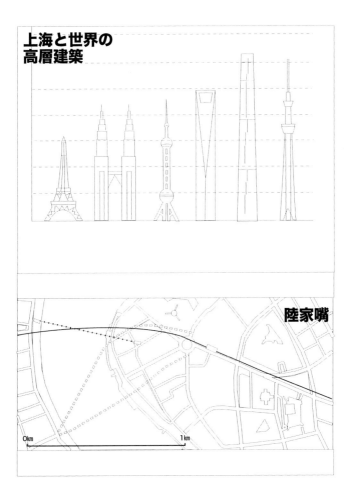

陸家嘴

0km — 1km

Pudong 白地図

【白地図】世紀大道

CHINA
上海

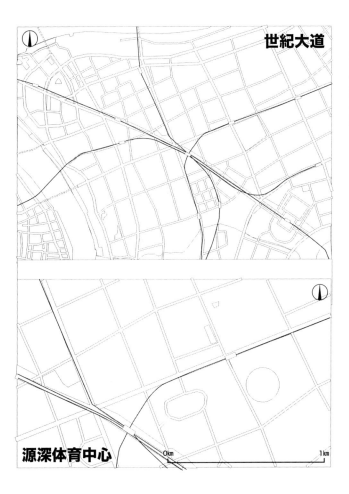

【白地図】上海科技館

CHINA
上海

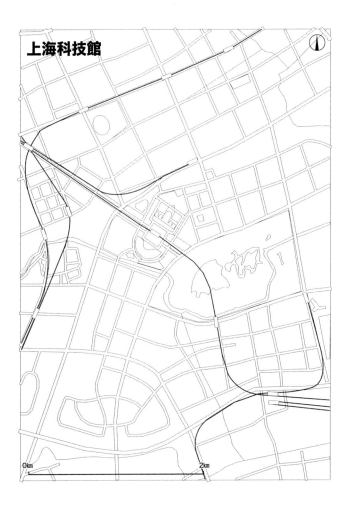

【白地図】龍陽路

龍陽路

Pudong | 白地図

【白地図】上南地区

【白地図】中華芸術宮

CHINA
上海

【白地図】浦東郊外

CHINA
上海

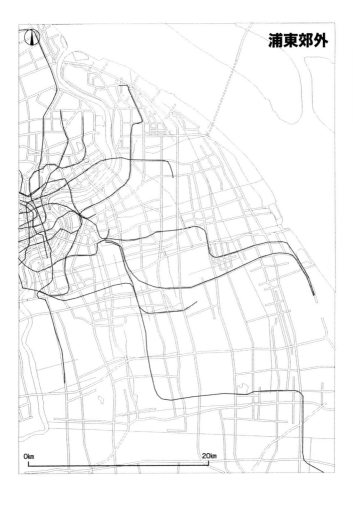

【白地図】杭州湾

CHINA
上海

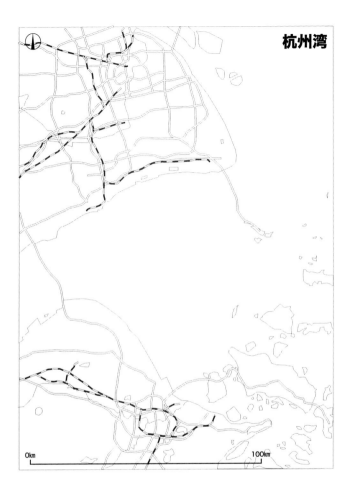

杭州湾

Pudong | 白地図

【白地図】上海ディズニーリゾート

CHINA
上海

【まちごとチャイナ】
上海 001 はじめての上海
上海 002 浦東新区
上海 003 外灘と南京東路
上海 004 淮海路と市街西部
上海 005 虹口と市街北部
上海 006 上海郊外（龍華・七宝・松江・嘉定）
上海 007 水郷地帯（朱家角・周荘・同里・甪直）

　上海浦東は黄浦江東岸のエリアで、19世紀以来の伝統をもつ外灘（旧市街）にちょうど対峙するように位置する。東方明珠塔、上海環球金融中心、上海中心大厦といった超高層建築が林立し、世界有数の金融センターとなっている。

　この浦東は20世紀末まで湿地帯が広がるだけのさびれた場所だったが、改革開放（外資の導入、市場経済への転換）の流れのなかでここに新たな都市がつくられることになった。1990年に開発がはじまり、2000年には摩天楼が姿を現すとい

浦东新区 Pǔdōng / 浦東新区 / Pudong

うスピードで、浦東は「中国の奇跡」と言われるほどの発展を見せた。

　上海はちょうど南北に続く中国沿岸部の中心にあたり、長江を通じて内陸部に通じる龍（長江）の頭部にもたとえられる。21世紀に向け、中国の威信をかけて建設された上海浦東は、「中国の顔」「中国経済の心臓部」としてこの国を牽引している。

【まちごとチャイナ】

上海 002 浦東新区

目次

浦東新区	xxvi
飛翔する龍の頭部	xxxii
陸家嘴城市案内	xli
中国の最先端をゆく街	lvii
世紀大道城市案内	lxi
科技館城市案内	lxvii
上南地区城市案内	lxxxii
浦東郊外城市案内	xciv
浦東開発から新世紀	cxi

【MEMO】

【地図】上海市街の [★★★]

- ☐ 東方明珠塔 东方明珠塔 ドンファンミンチュウタア
- ☐ 中華芸術宮 中华艺术宫 チョンファアイィシュウゴン

【地図】上海市街の [★☆☆]

- ☐ 黄浦江 黄浦江 ファンプウジィアン
- ☐ 世紀大道 世纪大道 シイジイダアダオ
- ☐ 上海科技館 上海科技馆 シャンハイカァジイグァン
- ☐ 南浦大橋 南浦大桥 ナンプーダアチャオ

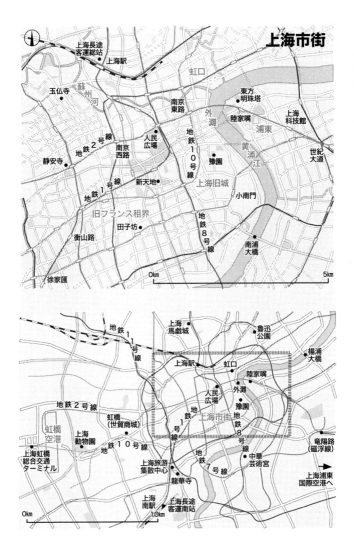

飛翔する龍の頭部

CHINA
上海

20世紀末にはじまった外資の導入と市場経済へのシフト
「改革開放を加速せよ」と鄧小平が激をとばし
数十年かかるとされた発展を浦東は10年で成し遂げた

上海浦東とは

21世紀に向けた上海の開発にあたって、1990年までほとんど何もなかった浦東地区（「浦の東」）に新たな都市を建設することが決まった。この浦東の開発は、孫文の『建国方略』のなかでも構想されるなど、中国沿海部で開発可能な稀有な地域として注目されていた（上海旧市街の街区は19世紀当時のままで、建物がびっしりと埋まっていた）。1978年以来、広東省で外資を呼び込み、資本主義の要素をとりこむ改革開放政策がはじまっていたが、その成功を受け、この浦東も開発区に選ばれた。毎月のように高層ビルが現れたところから、

Pudong 飛翔する龍の頭部

浦東の景色は見る見るうちに変化し、やがて中国屈指の経済都市へと変貌をとげた。

上海浦東の位置

20世紀後半、大連、天津から上海をへて、福州、厦門、広州へいたる中国沿岸部で経済発展がはじまり、上海はちょうどその中央部に位置する。また上海から武漢、重慶と内陸部を結ぶ長江の流域には中国全人口の3分の1が暮らしている（欧米列強が上海を開港させ、植民都市を建設したのも、人口密集地帯へ続く上海の立地による）。こうした地理は、弓（沿

▲左　開発を指導した浦東新区人民政府、円柱形の建物。　▲右　にぎわう展望台、上海環球金融中心にて

岸部)と矢(長江)にたとえられ、上海はそれを放つ力点にあたる地理をもつ。また上海に隣接する江蘇省、浙江省とあわせて長江デルタの一体化が進み、上海を中心とする巨大な経済圏を構成している。

浦東の構成

浦東ではあらかじめ資金調達、加工生産、輸出、研究といった地域ごとの役割が決められていた。開発にあたっての資金を調達する金融センターの「陸家嘴」、企業の研究所や研究機関がならぶ「張江」、外資系企業を呼び込んで輸出にあた

【MEMO】

Pudong 飛翔する龍の頭部

る「金橋」、長江にのぞみ貿易により有利な税制がとられた「外高橋」、農業の実験的なとり組みを行なう「孫橋」。これら陸家嘴と一江三橋では、「築巣招鳥（巣を築き、鳥を招く）」の方法がとられた。また東海に面して浦東国際空港、杭州湾の沖合いに洋山深水港が位置し、世界各都市と上海を結んでいる。

一体化する浦東と浦西

天津や大連では、旧市街と離れた場所に開発区が建設されたのに対して、上海では黄浦江をはさんで隣接する浦東に開発

Pudong 飛翔する龍の頭部

▲左　2010年の上海万博も経済発展の起爆剤になった。　▲右　超高層ビルの数は東京以上だと言われる

区がおかれた。浦東と浦西（旧市街）の一体化を進めるため、黄浦江に複数の橋が架ける計画が立てられ、1992年、南浦大橋が、その翌年には楊浦大橋が完成した。1997年には浦東と浦西（旧市街）をとり囲む外環路が完成し、同年、上海を東西に横断する地下鉄2号線も開通した（上海西部の虹橋空港と、上海東部の浦東国際空港を結ぶ）。また2000年には浦東国際空港が開港し、2002年にはこの新たな空港と上海市街（浦東の龍陽路）を結ぶリニアモーターカーの運転もはじまった。

【地図】浦東空港〜市街

【地図】浦東空港〜市街の [★★★]
- ☐ 東方明珠塔 东方明珠塔 ドンファンミンチュウタア
- ☐ 上海ディズニーリゾート 上海迪士尼度假区 シャンハイディイシイニイドゥウジィアチュウ

【地図】浦東空港〜市街の [★★☆]
- ☐ 上海浦東国際空港 上海浦东国际机场 シャンハイプードングゥオジイジイチャアン

【地図】浦東空港〜市街の [★☆☆]
- ☐ 陸家嘴経済金融貿易中心区 陆家嘴金融贸易区 ルゥジィアズイジンロンマオイィチュウ

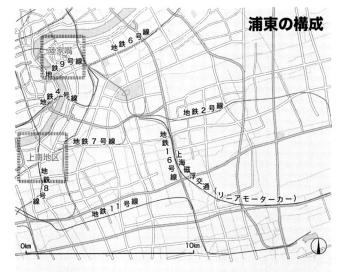

Guide, Lu Jia Zui
陸家嘴 城市案内

黄浦江をはさんで外灘と向かいあって位置する陸家嘴 東方明珠塔、上海環球金融中心、上海中心大厦などがそびえ 浦東を象徴する光景が広がる

陸家嘴経済金融貿易中心区 陆家嘴金融贸易区
lù jiā zuǐ jīn róng mào yì qū
ルゥジィアズイジンロンマオイィチュウ ［★☆☆］

陸家嘴経済金融貿易中心区は銀行、保険、証券、投資会社などの企業が世界中から集まる中国屈指の金融センター。4000棟を超すという高層ビル（20階建て以上）が林立し、それらは金色や渦巻き型などの特徴ある外観をもつ。また広い緑地が確保されるなど、明確な都市計画をもとに街がつくられている（当初から3棟の超高層ビル建設の計画があり、それらは金茂大厦、上海環球金融中心、上海中心大厦にあたる）。

浦東（陸家嘴）

【地図】浦東（陸家嘴）の [★★★]
- 東方明珠塔 东方明珠塔ドンファンミンチュウタア
- 上海環球金融中心 上海环球金融中心 シャンハイファンチィウジンロンチョンシン
- 上海中心大厦 上海中心大厦 シャンハイチョンシンダアシャア

【地図】浦東（陸家嘴）の [★☆☆]
- 陸家嘴経済金融貿易中心区 陆家嘴金融贸易区 ルゥジィアズイジンロンマオイィチュウ
- 金茂大厦 金茂大厦ジンマオダアシャア
- 陸家嘴中心緑地 陆家嘴中心绿地 ルゥジィアズイチョンシンリュウディ
- 濱江大道 滨江大道ビンジィアンダアダオ
- 黄浦江 黄浦江ファンプウジィアン
- 上海国際会議中心 上海国际会议中心 シャンハイグゥオジイフイイィチョンシン
- 正大広場 正大广场チェンダアグゥアンチャァン

浦東（陸家嘴）

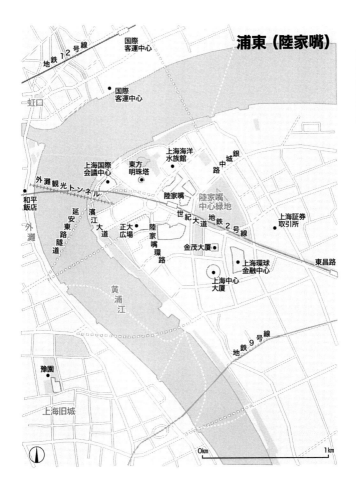

陸家嘴城市案内

CHINA
上海

東方明珠塔 东方明珠塔 dōng fāng míng zhū tǎ
ドンファンミンチュウタア ［★★★］

空中に浮かぶ銀とピンクの球体をつらぬくたたずまいをし、浦東の象徴となっている高さ468mの東方明珠塔。東方明珠という名は白居易の詩「大珠小珠落玉盘（大小の真珠のつぶが玉幡にはじける）」からとられている。浦東の開発にあわせて建設され、1994年に完成し、電波塔の役割をもつほか、球体ごとに展望台がもうけられている。また併設の上海城市歴史発展陳列館の展示では、この街の発展や成長ぶりが概観できる。

▲左 栓抜きのような上海環球金融中心、左横は金茂大厦。 ▲右 空中に浮かんだ球体を突き刺す東方明珠塔

上海環球金融中心 上海环球金融中心
shàng hǎi huán qiú jīn róng zhōng xīn
シャンハイファンチィウジンロンチョンシン ［★★★］

地上101階、492mの高さをもち、オフィス、ホテル、商業施設からなる上海環球金融中心。暮らし、レジャー、公共空間（文化やアート）を居住者と来場者が共有できる縦型都市が意識されている。栓抜きのようなかたちで天空に伸びあがり、頂部の台形空洞部は展望台（スカイウォーク100）となっている。森ビルによって開発されたことから上海ヒルズとも呼ばれ、2008年に完成した。

CHINA
上海

超高層ビルと縦型都市

コンクリートや鉄、ガラスといった素材とともに超高層ビルが出現し、アメリカでは1930年代から摩天楼が現れた。超高層ビルでは空間を平面ではなく、垂直に広げることで土地を有効利用できるほか、効率的なエネルギー使用、職場と住まいの移動距離や時間の短縮などが可能になる(コンパクトシティの一面をもつ)。この縦型都市では、自動車や地下鉄の代わりに超高速のエレベーターが公共交通となり、たとえば上層階に暮らして下層階の職場へ出勤するといった生活スタイルも実現する。地震や風による災害、閉鎖的になりがち

な生活といった問題も指摘されるが、縦型都市は人、もの、情報、文化を高密度に共有できる未来型都市として注目されている。

上海中心大厦 上海中心大厦 shàng hǎi zhōng xīn dà shà
シャンハイチョンシンダアシャア［★★★］

浦東の超高層ビル群のなかでも一際高くそびえる上海中心大厦（「上海センター」）。ホテル、レストラン、商業店舗、観光レジャーなどが一体となった複合施設で、地上128階建て、高さは632mになる。ガラスのカーテンウォールにおおわれ

【地図】陸家嘴

【地図】陸家嘴の ［★★★］
- [ ] 東方明珠塔 东方明珠塔 ドンファンミンチュウタア
- [ ] 上海環球金融中心 上海环球金融中心 シャンハイファンチィウジンロンチョンシン
- [ ] 上海中心大厦 上海中心大厦 シャンハイチョンシンダアシャア

【地図】陸家嘴の ［★☆☆］
- [ ] 陸家嘴経済金融貿易中心区 陆家嘴金融贸易区 ルゥジィアズイジンロンマオィィチュウ
- [ ] 金茂大厦 金茂大厦 ジンマオダアシャア
- [ ] 陸家嘴美食城 陆家嘴美食城 ルゥジィアズイメイシイチャン
- [ ] 陸家嘴中心緑地 陆家嘴中心绿地 ルゥジィアズイチョンシンリュウディ
- [ ] 黄浦江 黄浦江 ファンプウジィアン

上海と世界の高層建築

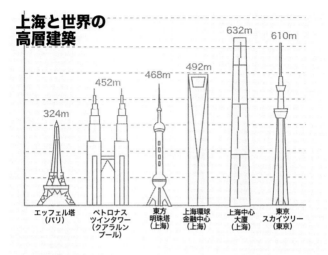

Pudong

陸家嘴城市案内

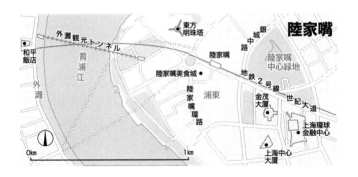

た流線型の外観は、うねりながら天に向かって昇る龍がイメージされている。浦東開発の当初から陸家嘴に400m級の超高層ビルを3本建てる構想があり、2014年の上海中心大厦の完成とともに浦東開発が一定の段階に達することになった（上海環球金融中心、金茂大厦が残りの2本）。

金茂大厦 金茂大厦
jīn mào dà shà ジンマオダアシャア [★☆☆]

東方明珠塔や上海環球金融中心とともに上海の摩天楼を構成する金茂大厦。高さ420m、88階建てで、オフィス、展示場、

▲左 黄金に輝くビル、中国人の嗜好を示す。　▲右 陸家嘴では十分な緑地がとられている

ホテルなどからなる複合施設となっている。西安の大雁塔をモデルにした姿をし、1999年に完成した(大雁塔は、7世紀、玄奘三蔵がインドからもち帰った経典を保存するために建てられた)。

陸家嘴美食城 陆家嘴美食城 lù jiā zuǐ měi shí chéng
ルゥジィアズイメイシイチャン［★☆☆］

中国や世界各地の料理を味わえる陸家嘴美食城。上海料理はじめ、広東料理、四川料理、西欧料理など50店舗が軒をつらねる。

CHINA
上海

陸家嘴中心緑地 陆家嘴中心绿地 lù jiā zuǐ zhōng xīn lǜ dì
ルゥジィアズイチョンシンリュウディ ［★☆☆］

超高層ビルが林立する陸家嘴の中央部に広がる陸家嘴中心緑地。浦東の開発にあたって充分な緑地を確保することが意図され、この緑地の面積は6万5千平方メートルになる。敷地の一角には、近代中国の芸術家である呉昌碩紀念館が位置する。

陸家嘴城市案内

濱江大道 滨江大道 bīn jiāng dà dào
ビンジィアンダアダオ［★☆☆］

黄浦江に沿うように川岸を走る濱江大道。400m先の対岸には外灘（バンド）が見える。

黄浦江 黄浦江 huáng pǔ jiāng ファンプウジィアン［★☆☆］

上海中心部を流れ、長江に合流する黄浦江。上海は黄浦江を通じた港湾都市として発展し、黄浦江が旧市街（浦西）と新市街（浦東）をわけている。遊覧船や客船が往来しているほか、両岸を結ぶフェリーも見える。

上海

上海国際会議中心 上海国际会议中心 shàng hǎi guó jì huì yì zhōng xīn シャンハイグゥオジイフイイィチョンシン [★☆☆]

東方明珠塔のふもとに位置する上海国際会議中心。世界地図が描かれた直径50mの球体が浮かび、展覧会や会議が開催される。1999年に完成した。

正大広場 正大广场 zhèng dà guǎng chǎng チェンダアグァンチャァン [★☆☆]

ショップ、レストラン、映画館などからなる複合施設の正大広場。外資系のファストファッション・ブランドが多く入居

▲左　浦東で食べた福建料理、開発にあわせて各地から人々が集まった。
▲右　黄浦江のほとりから正大広場が見える

し、中国でも有数の売り場面積をもつ。正大集団は、タイ華僑の謝易初・少飛兄弟が1921年に創業した。

上海海洋水族館 上海海洋水族馆 shàng hǎi hǎi yáng shuǐ zú guǎn シャンハイハイヤンシュイズウグァン［★☆☆］

世界有数の規模をもつ上海海洋水族館。マンボーやエイ、サメ、皇帝ペンギンなど、300種類以上、1万匹の魚類などが飼育されている。これらは南アメリカやオーストラリア、世界中の海から集められ、深海に生息する生物も見られる。

CHINA
上海

上海証券取引所 上海证券交易所 shàng hǎi zhèng quàn jiāo yì suǒ シャンハイチェンチュアンジャオイイシュオ [★☆☆]

東アジア有数の「金融センター」上海浦東を象徴する上海証券取引所。20世紀末にはじまった改革開放で、計画経済から市場経済へ移行するなか、1990年にこの上海証券取引所がつくられた（1949年に誕生した中華人民共和国では、当初、資本主義そのものが否定され、天津など一部をのぞいて株取引が存在しなかった）。現在、浦東は中国はじめ世界中の投資家から熱いまなざしを受ける舞台となっている。

中国の最先端をゆく街

上海は中国屈指の国際都市にして流行の発信地
北京、天津とならんでひとりあたりのGDPが高く
常に中国の先頭を走る都市でもある

高い消費者感度

上海人は新しいもの好きで、外国商品や外資をいち早く受け入れる柔軟性をもつ。高い購買意欲がある一方で、上海人はものの価値、価格へ厳しい視線を向けるため、「上海で成功したもの」が中国全土へ広まる傾向が見られるという。こうした事情から、外資系企業はまず上海に進出して商品や店を展開し、そこを中国全土への足がかりとする（税制や経済振興を優先する行政もそのあと押しとなっている）。上海は情報や流行の発信地となっていて、中国で地位を築くために、まず上海で成功する必要があると言われる。

CHINA
上海

上海ドリーム

口紅をつけ化粧品を求めるようになった女性たち、昼夜問わず24時間続けられた工事、莫大な富を獲得した富裕層。1990年代から2000年代にかけての上海では、人々の生活や所得水準、街の様子が劇的に変化した。19～20世紀初頭の租界時代、都市の形成とともに外からやってきた人々が「上海で一肌あげて財をなす」ということがあったが、21世紀を迎えた浦東開発でも同様の「上海ドリーム」が見られた(誰にでもチャンスのある上海は、かつて「冒険家の楽園」と言われていた)。

▲左　浦東市民中心とその前に立つ万博マスコットの「海宝」。　▲右　東方明珠塔のふもと日傘をさす女性

上海人が話す上海語

中国では全国的に普通語（北京語）が通じる一方、互いに通じないほどの方言が各地に残り、上海では蘇州、無錫、杭州などとともに呉方言が話されている（江蘇省や浙江省の人々が流入して都市上海が形成されたことによる）。たとえば、普通語の「你好（ニーハオ）」は上海語では「儂好（ノンホー）」で、儂（儂）は上海特有の漢字となっている。また馬を「バ」と発音するなど、隋唐時代に話されていた濁音が残っているという。

Guide, Shi Ji Da Dao
世紀大道 城市案内

広い道路や緑地が計画された都市浦東
中国の伝統的な都市と異なり
西欧を思わせる街の構成をもつ

世紀大道 世纪大道 shì jì dà dào シイジイダアダオ［★☆☆］
東方明珠塔から世紀公園までの5.5kmを走る世紀大道。道幅100mの大通りで、緑地が配されるなど美しい景観が続く。

楊高中路 楊高中路
yáng gāo zhōng lù ヤンガオチョンルウ［★☆☆］
世紀大道と交差し、黄浦江に並行するように走る楊高中路。浦東地区のメインストリートとして整備され、この通りの西側が金融地区、東側が文化、行政地区となっている。

【地図】世紀大道

【地図】世紀大道の [★★★]
- [ ] 東方明珠塔 东方明珠塔 ドンファンミンチュウタア
- [ ] 上海環球金融中心 上海环球金融中心 シャンハイファンチィウジンロンチョンシン
- [ ] 上海中心大厦 上海中心大厦 シャンハイチョンシンダアシャア

【地図】世紀大道の [★☆☆]
- [ ] 陸家嘴経済金融貿易中心区 陆家嘴金融贸易区 ルゥジィアズイジンロンマオイィチュウ
- [ ] 世紀大道 世纪大道 シイジイダアダオ
- [ ] 楊高中路 杨高中路 ヤンガオチョンルウ
- [ ] 上海第一八佰伴 上海第一八佰伴 シャンハイディィィバアバイバン
- [ ] 欽賜仰殿 钦赐仰殿 チンツーヤンディエン
- [ ] 浦東清真寺 浦东清真寺 プードンチンチェンスー
- [ ] 上海科技館 上海科技馆 シャンハイカァジイグァン
- [ ] 黄浦江 黄浦江 ファンプウジィアン

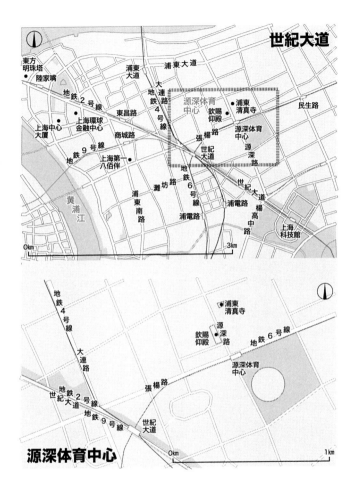

世紀大道城市案内 | Pudong

CHINA
上海

上海第一八佰伴 上海第一八佰伴 shàng hǎi dì yī bā bǎi bàn シャンハイディイィバアバイバン [★☆☆]

上海第一八佰伴（ネクステージ）は、浦東の開発にあわせて開館したデパートで、一流ブランドからカジュアルブランドのショップ、レストラン、映画館が入居する。当初、上海人の平均月収ほどの靴が売られるなど超高級路線だったが、客層の変化や市民所得の増大にあわせて業績が伸び、現在では上海有数の売上げと規模をもつ店舗となっている（開館当初の日本資本から中国資本へと移っている）。

▲左　浦東の街区規模は大きい、タクシーが活躍する。　▲右　世紀大道と楊高中路は浦東の二大幹線

欽賜仰殿 钦赐仰殿
qīn cì yǎng diàn チンツーヤンディエン［★☆☆］

欽賜仰殿は浦東新区の開発がはじまる以前の清代（18世紀）からの伝統をもつ道教寺院。両端がそりあがった屋根が特徴の中国建築様式で、なかには東岳大帝がまつられている（道教は不老長寿などを願う人々の民間信仰をもとに発展した）。

CHINA
上海

浦東清真寺 浦东清真寺
pǔ dōng qīng zhēn sì プードンチンチェンスー [★☆☆]

浦東清真寺は欽賜仰殿のそばに立つイスラム礼拝堂(モスク)。1935年に創建され、食事や生活に規定があるイスラム教徒はモスクの周囲に集住し、集団礼拝が行なわれている。

Guide,
Shang Hai Ke Ji Guan
科技館
城市案内

金融センターの陸家嘴に対して
上海科技館の周囲は
行政機関や公共施設がならぶエリアとなっている

上海科技館 上海科技馆
shàng hǎi kē jì guǎn シャンハイカァジイグァン [★☆☆]
自然と人、科学技術をテーマとし、天地館、生命館、智慧館、創造館、未来館などからなる上海科技館。恐竜の化石、哺乳類や鳥類、昆虫などの展示、地球や天文学、ロボットに関する展示、人と健康に関する展示が見られ、上海の教育、文化の発信地となっている。

【地図】上海科技館

【地図】上海科技館の ［★★☆］
- 上海磁浮交通 上海磁浮交通シャンハイツーフウジャオトン

【地図】上海科技館の ［★☆☆］
- 上海科技館 上海科技馆シャンハイカァジイグァン
- 浦東新区人民政府 浦东新区人民政府
  プードンシンチュウレンミンチェンフー
- 東方芸術中心 东方艺术中心
  ドンファンイィシュウチョンシン
- 上海浦東展覧館 上海浦东展览馆
  シャンハイプードンチャンラングァン
- 上海証大芸術超市 上海证大艺术超市
  シャンハイチェンダアイィシュウチャオシー
- 世紀公園 世纪公园シィジイゴンユゥェン
- 上海新国際博覧中心 上海新国际博览中心
  シャンハイシングゥオジイボォランチョンシン
- 世紀大道 世纪大道シイジイダアダオ
- 楊高中路 楊高中路ヤンガオチョンルウ
- 欽賜仰殿 钦赐仰殿チンツーヤンディエン

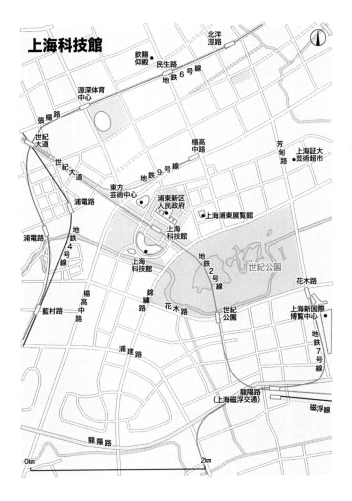

CHINA
上海

浦東新区人民政府 浦东新区人民政府 pǔ dōng xīn qū rén mín zhèng fǔ プードンシンチュウレンミンチェンフー [★☆☆]

世紀広場の中心に立つ高さ126m、24階建ての浦東新区人民政府。銀色で円柱形の外観をもつこの庁舎は2000年に完成し、浦東の開発を主導してきた。

東方芸術中心 东方艺术中心 dōng fāng yì shù zhōng xīn ドンファンイィシュウチョンシン [★☆☆]

蓮の花のようなかたちをした建築の東方芸術中心。クラシック音楽やオペラ、中国の伝統劇などが開催されるほか、場内

には上海オルゴールミュージアムを併設している。

上海浦東展覧館 上海浦东展览馆 shàng hǎi pǔ dōng zhǎn lǎn guǎn シャンハイプードンチャンラングァン［★☆☆］

東方芸術中心に対峙するように立つ上海浦東展覧館。大小のホールを備え、ビジネス向けの展覧会などが開催される。

上海証大芸術超市 上海证大艺术超市 shàng hǎi zhèng dà yì shù chāo shì シャンハイチェンダアイィシュウチャオシー［★☆☆］

中国の現代アートを展示する美術館、アーティストのアトリ

CHINA
上海

エやカフェが集まる一角に位置する上海証大芸術超市。実際に絵画や彫刻などの作品にふれるほか、「超市(スーパー)」の名前の通り、アートの販売も行なっている。

世紀公園 世纪公园
shì jì gōng yuán シィジイゴンユゥエン [★☆☆]
世紀公園は都市と人、自然の調和を考えてつくられた巨大な公園。敷地面積1.4平方キロの広さをもち、池や森林などが各地に配置されている。

▲左　世界ではじめて実用化されたリニアモーターカー。　▲右　ガラス張りの上海科技館

上海磁浮交通 上海磁浮交通
shàng hǎi cí fú jiāo tōng シャンハイツーフウジャオトン

2002年に開通した上海磁浮交通は、世界ではじめて実用化されたリニアモーターカー。出発してから徐々に加速して時速300キロ以上に達し、やがて減速する。上海浦東国際空港と上海市街部（龍陽路）の30kmを8分で結び、それまで1時間ほどかかった空港と市街のアクセスを一気に短縮した。龍陽路駅近くには上海磁浮交通科技館が立ち、上海リニアに関する展示が見られる。

【地図】龍陽路

【地図】龍陽路の [★★☆]
- [ ] 上海磁浮交通 上海磁浮交通
  シャンハイツーフウジャオトン

【地図】龍陽路の [★☆☆]
- [ ] 世紀公園 世纪公园 シィジイゴンユュェン
- [ ] 証大喜瑪拉雅中心 证大喜马拉雅中心
  チェンダアシーマアラアヤアチョンシン
- [ ] 上海新国際博覧中心 上海新国际博览中心
  シャンハイシングゥオジイボォランチョンシン
- [ ] 張江高科技園区 张江高科技园区
  チャンジィアンガオカァジイユァンチュウ
- [ ] 上海浦東展覧館 上海浦东展览馆
  シャンハイプードンチャンラングァン
- [ ] 上海科技館 上海科技馆 シャンハイカァジイグァン

龍陽路

Pudong 科技館城市案内

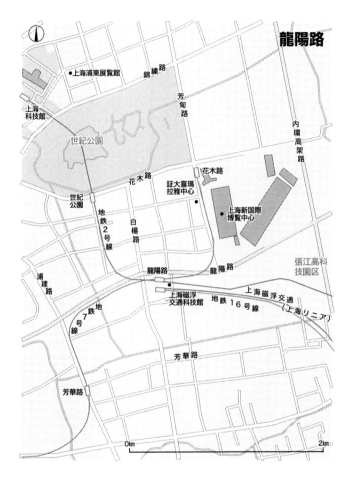

CHINA
上海

夢の技術が実現

「次世代高速鉄道」リニアモーターカーは、路線に電気を流し、磁力で車体を浮かせて走る。このリニアモーターカーの技術は日本やドイツで開発されていたが、1999年、ドイツのトランスラピッド方式が上海で採用されることに決まった(日本方式は10cm浮かせ、ドイツ方式は1cm浮かせるなどの違いがある)。中国とドイツの共同出資で建設が進み、技術上、時速505キロまでの速度を出せるという。

▲左　浦東空港からのアクセスもよい上海新国際博覧中心。　▲右　漢字の要素で装飾された証大喜瑪拉雅中心の壁面

証大喜瑪拉雅中心 证大喜马拉雅中心 Zhèng dà xǐ mǎ lā yǎ zhōng xīn チェンダアシーマアラアヤアチョンシン

証大喜瑪拉雅中心（上海証大ヒマラヤ芸術センター）は、巨大な文化センターのなかに、オフィス、ギャラリー、商業施設、ホテルを備えた複合施設。正面から見た建物は漢字（へんを「光」、つくりを「昜」。当初は「陽」だったが「こざとへん」を「光」に替えたという）をイメージして設計され、下部にも漢字の要素が見られる。

CHINA
上海

上海新国際博覧中心 上海新国际博览中心
shàng hǎi xīn guó jì bó lǎn zhōng xīn
シャンハイシングゥオジイボォランチョンシン

20万平方メートルという世界最大規模の敷地面積をもつ上海新国際展示場。上海モーターショー、上海国際工業博覧会、華東輸出入商品交易会といったイベントなど、電子部品や工芸品、繊維、衣服など幅広い商業見本市が開催される。

張江高科技園区 张江高科技园区 zhāng jiāng gāo kē jì yuán qū チャンジィアンガオカァジイユァンチュウ

張江高科技園区は、龍陽路の東側に広がる開発区。大学や企業の研究機関が集まり、コンピュータ、バイオなど最新の研究が行なわれている。

楊浦大橋 杨浦大桥 yáng pǔ dà qiáo ヤンプーダアチャオ

上海旧市街（楊樹浦）と浦東を結ぶ長さ 1172m の楊浦大橋。南浦大橋に続いて 1993 年に完成し、高さ 208m の柱が橋を吊る「吊り橋」となっている。

CHINA
上海

かつての浦東

上海は阿片戦争後の南京条約（1842年）で開港されたが、街の発展は黄浦江西側（浦西）に限られていた。繁栄する租界の対岸、浦東の岸辺には造船場、製鉄所、倉庫がならび、あとは農村が広がるばかりだった。1988年まで浦東でもっとも高い建物は、消防用に建設された8階建て（高さ24m）の了望塔だったという。

Guide, Shang Nan Di Qu
上南地区
城市案内

20世紀後半から急速な経済発展を見せた上海
2010年、上海万博が上南地区で開催され
都市の魅力を世界中にアピールすることになった

南浦大橋 南浦大桥
nán pǔ dà qiáo ナンプーダアチャオ [★☆☆]

浦西(「南市」と呼ばれた旧市街)と浦東を結ぶ全長846m
の南浦大橋。1991年、浦東新区の開発にあわせて黄浦江に
かけられた最初の橋で、大型船が橋の下を通過できるように
40mの高さで両岸を結ぶ。

世博軸 世博轴 **shì bó zhóu シイボオチョウ** [★☆☆]

世博軸は「より良い都市、より良い生活」をテーマとして、
2010年に開催された上海万博のメインストリート。地上2階、

地下2階の立体構造をもつ幅110mの通りが1000m続く（万博当時は会場の入口から黄浦江までを結んでいた）。

中華芸術宮 中华艺术宫 zhōng huá yì shù gōng
チョンファアイィシュウゴン［★★★］

「東方之冠、鼎盛中華、天下糧庫、富庶百姓（東方の冠、中華を鼎盛し、天下の糧倉、百姓に富庶たり）」という中国文明の精神が具現化された中華芸術宮。古代の冠を思わせる逆ピラミッド型の外観は、中国の伝統建築に使用される斗栱、4種類の中国赤で彩られ、高さは69mになる。上海万博の

【地図】上南地区

【地図】上南地区の [★★★]
- [ ] 中華芸術宮 中华艺术宫 チョンファアイィシュウゴン

【地図】上南地区の [★☆☆]
- [ ] 南浦大橋 南浦大桥 ナンプーダアチャオ
- [ ] 月亮船 月亮船 ユエリィアンチゥアン
- [ ] 上海民族民俗民間工芸博物館
  上海民族民俗民间工艺博物馆
  シャンハイミンズゥミンスウミンジィアンゴンイィボォウーグァン
- [ ] 黄浦江 黄浦江 ファンプウジィアン
- [ ] 南浦大橋 南浦大桥 ナンプーダアチャオ

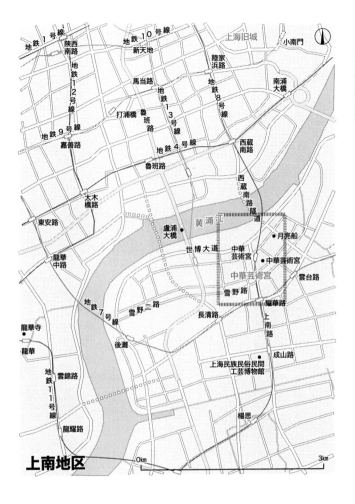

【地図】中華芸術宮

【地図】中華芸術宮の [★★★]
- [ ] 中華芸術宮 中华艺术宫 チョンファアイィシュウゴン

【地図】中華芸術宮の [★☆☆]
- [ ] 世博軸 世博轴 シイボオチョウ
- [ ] 上海世博展覧館 上海世博览馆 シャンハイシイボォチャンラングァン
- [ ] 世博中心 世博中心 シイボォチョンシン
- [ ] 梅賽德斯 - 奔馳文化中心 梅赛德斯 - 奔驰文化中心 メイサイダァスーベンチーウェンファアチョンシン
- [ ] 月亮船 月亮船 ユエリィアンチュアン

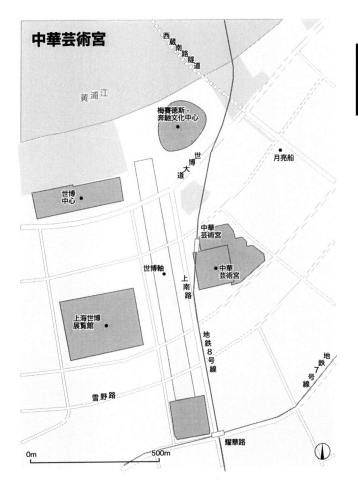

CHINA
上海

中国館として建てられ、2012年、美術館に転用されるかたちで開館した（1956年に創建された人民広場にあった上海美術館がこちらに移った）。開館にあわせて『清明上河図』が展示されたほか、『群仙祝寿図』などの中国絵画、青銅器、彫刻から現代アートまでを展示する中国屈指の美術館となっている。

上海世博展覧館 上海世博展览馆 shàng hǎi shì bó zhǎn lǎn guǎn シャンハイシイボォチャンラングァン ［★☆☆］

中華芸術宮と向かいあうように立つ上海世博展覧館。会議室

▲左　世博中心、周囲には巨大建築がならぶ。　▲右　王冠がイメージされた逆ピラミッド型の中華芸術宮

やホールを備え、ビジネス、アート、スポーツなどで幅広く利用されている。

世博中心 世博中心
shì bó zhōng xīn シイボォチョンシン [★☆☆]

黄浦江を背にして立つガラス張りの外観の世博中心。2010年の上海万博で中心的な建物だったところで、現在は国際会議や講演会などが開かれている。この建物の建設にあたって、太陽発電、地熱、LEDなどが利用され、都市と環境に配慮した設計となっている。

CHINA
上海

梅賽德斯 - 奔驰文化中心 梅赛德斯 - 奔驰文化中心
méi sài dé sī-bēn chí wén huà zhōng xīn
メイサイダァスーベンチーウェンファアチョンシン[★☆☆]

貝殻や UFO にたとえられる流線型の外観をもつ梅賽德斯 - 奔驰文化中心。地下2階、地上6階からなる多機能ホールで、見る場所や角度によって建物はかたちを変えていく。コンサートや演劇などが開催されている。

月亮船 月亮船
Yuè liàng chuán ユエリィアンチゥアン [★☆☆]

空に浮かぶ「月の船」がイメージされた月亮船。上海万博のサウジアラビア館が転用された複合施設で、窓のない内部はらせん状に上部へ続いていく。巨大なスクリーンを備えるほか、ナツメが植えられた屋上庭園（空中庭園）をもつ。

上海

万博博覧会(万博)とは

世界各国が最先端の産業や科学技術の展示をして競う万国博覧会。はじめて行なわれた1851年のロンドン万博では、産業革命の集大成とも言えるガラスと鉄を使った建築「水晶宮」が登場した。また1889年のパリ万博では、当時、考えられないと言われた技術(鋼鉄を使用)によるエッフェル塔が見られるなど、各国の建てる建築そのものが展示となった(日本は江戸時代の1867年にパリ万博に参加している)。20世紀なかごろから、環境や都市など世界が共通してとり組む問題が万博のテーマとなり、2010年の上海万博のそれは「よ

り良い都市、より良い生活」だった。

上海民族民俗民間工芸博物館 上海民族民俗民间工艺博物馆
shàng hǎi mín zú mín sú mín jiān gōng yì bó wù guǎn
シャンハイミンズゥミンスウミンジィアンゴンイィボォウーグァン [★☆☆]

民族、民俗、民間という「3つの民」をテーマにした上海民族民俗民間工芸博物館（通称「三民工芸博物館」）。中国の伝統工芸である唐傘、茶具などの展示が見られるほか、体験イベントも行なわれている。

Guide,
Pu Dong Jiao Qu
浦東郊外
城市案内

CHINA
上海

浦東国際空港や洋山深水港などの物流拠点が位置する浦東郊外
無数のクリークが網目のように走り
江南の水郷の面影を伝える土地でもある

川沙 川沙 chuān shā チュアンシャア ［★☆☆］

川沙は1000年の伝統をもつ街で、ちょうど浦東の中心部に位置する。綿花、野菜栽培などを産出し、運河と水路を使った交易拠点だったが、19世紀末に上海が近代化されたことでその影響を強く受けるようになった（川沙の多くの人が華僑として海を渡っている）。街の中心には鶴鳴楼が立つ川沙公園が位置するほか、川沙新鎮が上海ディズニーランドの開園場所に選ばれている。

潮音庵 潮音庵 cháo yīn ān チャオインアン ［★☆☆］

潮音庵は明代（15世紀）に建立された仏教寺院で、この地が海に近く「潮の音」が聞こえるところから名前がつけられた。中国の伝統建築様式で構成され、高さ51m、七層からなる報恩塔が立つ。

張家楼天主堂 张家楼天主堂 zhāng jiā lóu tiān zhǔ táng チャンジィアロウティエンチュウタン ［★☆☆］

張家楼天主堂は、浦東でもっとも由緒正しいキリスト教会。明代（17世紀）に建てられたあと、何度も再建され、現在

【地図】浦東郊外

【地図】浦東郊外の [★★★]
- [ ] 中華芸術宮 中华艺术宫 チョンファアイィシュウゴン
- [ ] 東方明珠塔 东方明珠塔 ドンファンミンチュウタア
- [ ] 上海ディズニーリゾート 上海迪士尼度假区 シャンハイディィシイニイドゥジィアチュウ

【地図】浦東郊外の [★★☆]
- [ ] 上海浦東国際空港 上海浦东国际机场 シャンハイプードングゥオジイジイチャアン
- [ ] 上海磁浮交通 上海磁浮交通 シャンハイツーフウジャオトン

【地図】浦東郊外の [★☆☆]
- [ ] 川沙 川沙 チュアンシャア
- [ ] 潮音庵 潮音庵 チャオインアン
- [ ] 張家楼天主堂 张家楼天主堂 チャンジィアロウティエンチュウタン
- [ ] 金橋輸出加工区 金桥输出加工区 ジンチャオシュウチュウジャアゴンチュウ
- [ ] 外高橋保税区 外高桥保税区 ワイガオチャオバオシュィチュウ
- [ ] 上海野生動物園 上海野生动物园 シャンハイィェエシェンドォンウウュェン
- [ ] 新場 新场 シンチャアン
- [ ] 楊浦大橋 杨浦大桥 ヤンプーダアチャオ
- [ ] 陸家嘴経済金融貿易中心区 陆家嘴金融贸易区 ルゥジィアズイジンロンマオイィチュウ

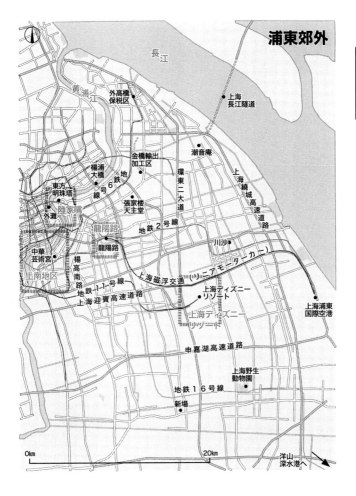

は十字架を載せた鐘楼をもつ美しい欧風建築となっている。

金橋輸出加工区 金桥输出加工区 jīn qiáo shū chū jiā gōng qū
ジンチャオシュウチュウジャアゴンチュウ ［★☆☆］

金橋輸出加工区は浦東の建設にあわせて整備された開発区のひとつ。自動車、航空機、エレベーターなどのハイテク技術から食品、衣料までをあつかう輸出加工区となっている。

▲左　かつての浦東はすっかりとさま変わりした。　▲右　黄浦江をゆく船、無数のクリークが流れ込む

外高橋保税区 外高桥保税区 wài gāo qiáo bǎo shuì qū
ワイガオチャオバオシュイチュウ [★☆☆]

外高橋保税区は自由貿易区と港湾が一体化した物流センター。海外からの貨物を関税がかからない状況で中国以外に輸出できるため、生産、加工から貿易の拠点となっている（各企業の倉庫がならび、中継貿易が行なわれている）。この港では黄浦江の河港より大型の貨物船が停泊できるようになった。

上海野生動物園 上海野生动物园 shàng hǎi yě shēng dòng wù yuán シャンハイイェエシェンドォンウウユェン [★☆☆]

上海野生動物園は市街部から35km離れた広大な敷地に整備されたサファリ・パーク（中国最大規模の動物園）。ライオンや虎、ひょう、熊などが放し飼いにされているほか、パンダやキンシコウといった希少動物も飼育されている。

新場 新场 xīn chǎng シンチァアン [★☆☆]

浦東南部に残る新場は、浦東の開発が進む以前から続く江南の伝統的な水郷。クリーク（水路）の河岸に民居が連なり、

▲左　世界中の都市と結ばれた上海浦東国際空港。　▲右　上海には多くの日系企業が進出している

水辺に根ざした人々の暮らしぶりを見ることができる。

上海浦東国際空港 上海浦东国际机场 shàng hǎi pǔ dōng guó jì jī chǎng シャンハイプードングゥオジイジイチャアン[★★☆]

上海東海岸に面し、世界各都市と上海を結ぶ上海浦東国際空港。もともとあった虹橋空港が許容範囲を超えたことから新たにこの空港が建設され、1999年に完成した（おもに浦東は国際線、虹橋は国内線というように管理されている）。旅客量、貨物量で北京、香港とならぶ中国有数の空港で、市街部とはリニアモーターカーで結ばれている。

【地図】

【地図】杭州湾の ［★★☆］
- [ ] 上海浦東国際空港 上海浦东国际机场 シャンハイプードングゥオジイジイチャアン

【地図】杭州湾の ［★☆☆］
- [ ] 洋山深水港 洋山深水港 ヤンシャンシェンシュイグァン
- [ ] 東海大橋 东海大桥 ドンハイダアチャオ
- [ ] 洋山保税港区 洋山保税港区 ヤンシャンバオシュイガンチュウ

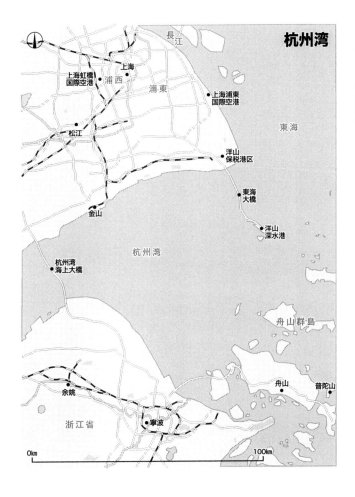

上海

洋山深水港 洋山深水港 yáng shān shēn shuǐ gǎng
ヤンシャンシェンシュイグァン [★☆☆]

大型船舶が停泊できる水深を確保するため、杭州湾の沖合いにつくられた洋山深水港（小さな島々を削平して築かれた）。この洋山深水港はじめ、黄浦江の河港、長江に面した外高橋、また上海近郊の南通や寧波などと港湾機能が用途ごとに分担されている。上海の貨物取扱量は、シンガポール、香港とともに世界有数となっている。

浦東郊外城市案内 / Pudong

東海大橋 东海大桥 dōng hǎi dà qiáo ドンハイダアチャオ[★☆☆]
洋上に浮かぶ洋山深水港と上海の陸地側を結ぶ東海大橋。蛇のように湾曲しながら伸びる世界有数の長さの橋（32.5㎞）として知られる。

洋山保税港区 洋山保税港区 Yáng shān bǎo shuì gǎng qū ヤンシャンバオシュイガンチュウ［★☆☆］
洋山深水港にのぞむ洋山保税港区は、海運を利用した開発区。積みあげられたコンテナ、倉庫がならび、物流拠点となっている。規制を緩和して金融や貿易を促進する上海自由貿易区

を構成する。

上海ディズニーリゾート 上海迪士尼度假区 **shàng hǎi dí shì ní dù jià qū** シャンハイディイシイニイドゥウジィアチュウ

2016年開園の上海ディズニーリゾートこと上海迪士尼度假区。「米奇大街（Mickey Avenue）」「奇想花園（Gardens of Imagination）」「夢幻世界（Fantasyland）」「探険島（Adventure Isle）」「宝蔵湾（Treasure Cove）」「明日世界（Tomorrowland）」の6大テーマパークからなる。上海ディズニーランドに隣接してホテルや迪士尼小鎮が位置する。

【MEMO】

【地図】

【地図】上海ディズニーリゾートの [★★★]

- [ ] 上海ディズニーリゾート 上海迪士尼度假区
    シャンハイディイシイニイドゥウジィアチュウ

浦東開発から新世紀

計画経済から市場経済の導入へ
財政出動、金融緩和、外資の呼び込み
浦東では大胆な試みが行なわれた

改革開放へ

1949年に建国された中華人民共和国では、共産党の指導による計画経済が進められたが、やがて経済が停滞するようになっていた（富の生産、流通、分配を国家が決定した）。1978年、実権を握った鄧小平は香港に隣接する深圳などの広東省で、外資を呼び込み、市場経済を導入する経済政策への転換をはかった（市場に大きな権限をあたえ、民間企業が競争する）。この改革開放の成功を受け、上海や沿岸部の開発がはじまり、とくに1992年の春節、上海浦東の工事現場で「改革開放を加速せよ」と激を飛ばした鄧小平の南巡講話

上海

もあって、上海の急速な経済発展へとつながっていった。

上海の再開発

多額の税収を中央政府におさめていたことから、「上海を制する者は中央を制する」と言われるなど19世紀末以来、上海は経済、工業で中国有数の都市となっていた。一方で20世紀末の上海旧市街（浦西）では19世紀末に開発されたままの街区を残し、蔓延する交通渋滞、老朽化した建物などの問題が起こるようになっていた。こうしたなか、上海の旧市街を再開発するのか、それともほとんど何もない湿地帯の浦

▲左　開発を指導した浦東新区人民政府、円柱形の建物。　▲右　にぎわう展望台、上海環球金融中心にて

東を「ゼロから開発する」のか議論が交わされていた。結果、浦東の開発が決まり、1990年から急速な発展がはじまった。

浦東で行なわれた政策

「引鳥築巣（巣をつくり、鳥を招く）」という政策のもと、上海浦東では大幅な規制緩和をして外資企業を呼びこむ政策がとられた。証券取引所を設立して株式市場を導入し、不動産業では土地使用権譲渡の許可、外資系銀行の人民元とり扱いの認可、外資系小売業の営業許可といったように金融や第三次産業が成長の柱におかれた（広東省では輸出加工が中心

CHINA
上海

だった)。こうしたなか香港、アメリカ、日本などの企業が積極的に進出し、浦東では高層ビルが次々と建って、たったの10年で中国経済の中心地へと成長した。

Pudong

浦東開発から新世紀

参考文献

『上海・浦東 IT 世界戦略基地の実像』(沼尻勉 / 講談社)

『上海新世紀朱鎔基と浦東開発』(室井秀太郎 / 日本経済新聞社)

『ヒルズ挑戦する都市』(森稔 / 朝日新聞出版)

『一九九〇年代前半における上海・浦東新区の開発について』(松田松男 / 史苑)

『上海マグレブ 世界最初の高速リニア営業線』(小野田滋 / 鉄道と電気技術)

『" チャイナ・ドリーム " の先端を行く上海浦東新区を視察して』(和田謙三 / ファイナンス)

『上海歴史ガイドマップ』(木之内誠 / 大修館書店)

『世界大百科事典』(平凡社)

［PDF］上海地下鉄路線図 http://machigotopub.com/pdf/shanghaimetro.pdf

［PDF］上海浦東国際空港案内 http://machigotopub.com/pdf/shanghaiairport.pdf

［PDF］上海虹橋国際空港案内 http://machigotopub.com/pdf/shanghaihongqiaoairport.pdf

［PDF］上海地下鉄歩き http://machigotopub.com/pdf/metrowalkshanghai.pdf

まちごとパブリッシングの旅行ガイド

Machigoto INDIA , Machigoto ASIA , Machigoto CHINA

【北インド - まちごとインド】

001 はじめての北インド
002 はじめてのデリー
003 オールド・デリー
004 ニュー・デリー
005 南デリー
012 アーグラ
013 ファテープル・シークリー
014 バラナシ
015 サールナート
022 カージュラホ
032 アムリトサル

【西インド - まちごとインド】

001 はじめてのラジャスタン
002 ジャイプル
003 ジョードプル
004 ジャイサルメール
005 ウダイプル
006 アジメール(プシュカル)
007 ビカネール
008 シェカワティ
011 はじめてのマハラシュトラ
012 ムンバイ
013 プネー
014 アウランガバード
015 エローラ
016 アジャンタ
021 はじめてのグジャラート
022 アーメダバード
023 ヴァドダラー(チャンパネール)
024 ブジ(カッチ地方)

【東インド - まちごとインド】

002 コルカタ
012 ブッダガヤ

【南インド - まちごとインド】

001 はじめてのタミルナードゥ
002 チェンナイ
003 カーンチプラム
004 マハーバリプラム
005 タンジャヴール
006 クンバコナムとカーヴェリー・デルタ
007 ティルチラパッリ
008 マドゥライ
009 ラーメシュワラム
010 カニャークマリ
021 はじめてのケララ
022 ティルヴァナンタプラム
023 バックウォーター(コッラム〜アラップーザ)
024 コーチ(コーチン)
025 トリシュール

【ネパール - まちごとアジア】

001 はじめてのカトマンズ
002 カトマンズ
003 スワヤンブナート

004 パタン
005 バクタプル
006 ポカラ
007 ルンビニ
008 チトワン国立公園

【バングラデシュ - まちごとアジア】

001 はじめてのバングラデシュ
002 ダッカ
003 バゲルハット（クルナ）
004 シュンドルボン
005 プティア
006 モハスタン（ボグラ）
007 パハルプール

【パキスタン - まちごとアジア】

002 フンザ
003 ギルギット（KKH）
004 ラホール
005 ハラッパ
006 ムルタン

【イラン - まちごとアジア】

001 はじめてのイラン
002 テヘラン
003 イスファハン
004 シーラーズ
005 ペルセポリス
006 パサルガダエ（ナグシェ・ロスタム）
007 ヤズド
008 チョガ・ザンビル（アフヴァーズ）
009 タブリーズ
010 アルダビール

【北京 - まちごとチャイナ】

001 はじめての北京
002 故宮（天安門広場）
003 胡同と旧皇城
004 天壇と旧崇文区
005 瑠璃廠と旧宣武区
006 王府井と市街東部
007 北京動物園と市街西部
008 頤和園と西山
009 盧溝橋と周口店
010 万里の長城と明十三陵

【天津 - まちごとチャイナ】

001 はじめての天津
002 天津市街
003 浜海新区と市街南部
004 薊県と清東陵

【上海 - まちごとチャイナ】

001 はじめての上海
002 浦東新区
003 外灘と南京東路
004 淮海路と市街西部
005 虹口と市街北部
006 上海郊外（龍華・七宝・松江・嘉定）
007 水郷地帯（朱家角・周荘・同里・甪直）

【河北省 - まちごとチャイナ】

001 はじめての河北省
002 石家荘
003 秦皇島
004 承徳
005 張家口
006 保定
007 邯鄲

【江蘇省 - まちごとチャイナ】

001 はじめての江蘇省
002 はじめての蘇州
003 蘇州旧城
004 蘇州郊外と開発区
005 無錫
006 揚州
007 鎮江
008 はじめての南京
009 南京旧城
010 南京紫金山と下関
011 雨花台と南京郊外・開発区
012 徐州

【浙江省 - まちごとチャイナ】

001 はじめての浙江省
002 はじめての杭州
003 西湖と山林杭州
004 杭州旧城と開発区
005 紹興
006 はじめての寧波
007 寧波旧城
008 寧波郊外と開発区
009 普陀山
010 天台山
011 温州

【福建省 - まちごとチャイナ】

001 はじめての福建省
002 はじめての福州
003 福州旧城
004 福州郊外と開発区
005 武夷山
006 泉州
007 厦門
008 客家土楼

【広東省 - まちごとチャイナ】

001 はじめての広東省
002 はじめての広州
003 広州古城
004 天河と広州郊外
005 深圳(深セン)
006 東莞
007 開平(江門)
008 韶関
009 はじめての潮汕
010 潮州
011 汕頭

【遼寧省 - まちごとチャイナ】

001 はじめての遼寧省
002 はじめての大連
003 大連市街
004 旅順
005 金州新区

006 はじめての瀋陽
007 瀋陽故宮と旧市街
008 瀋陽駅と市街地
009 北陵と瀋陽郊外
010 撫順

【重慶 - まちごとチャイナ】

001 はじめての重慶
002 重慶市街
003 三峡下り（重慶〜宜昌）
004 大足

【香港 - まちごとチャイナ】

001 はじめての香港
002 中環と香港島北岸
003 上環と香港島南岸
004 尖沙咀と九龍市街
005 九龍城と九龍郊外
006 新界
007 ランタオ島と島嶼部

【マカオ - まちごとチャイナ】

001 はじめてのマカオ
002 セナド広場とマカオ中心部
003 媽閣廟とマカオ半島南部
004 東望洋山とマカオ半島北部
005 新口岸とタイパ・コロアン

【Juo-Mujin（電子書籍のみ）】

Juo-Mujin 香港縦横無尽
Juo-Mujin 北京縦横無尽
Juo-Mujin 上海縦横無尽

【自力旅游中国 Tabisuru CHINA】

001 バスに揺られて「自力で長城」
002 バスに揺られて「自力で石家荘」
003 バスに揺られて「自力で承徳」
004 船に揺られて「自力で普陀山」
005 バスに揺られて「自力で天台山」
006 バスに揺られて「自力で秦皇島」
007 バスに揺られて「自力で張家口」
008 バスに揺られて「自力で邯鄲」
009 バスに揺られて「自力で保定」
010 バスに揺られて「自力で清東陵」
011 バスに揺られて「自力で潮州」
012 バスに揺られて「自力で汕頭」
013 バスに揺られて「自力で温州」

【車輪はつばさ】
南インドのアイラヴァテシュワラ寺院には建築本体に車輪がついていて寺院に乗った神さまが人びとの想いを運ぶと言います。

・本書はオンデマンド印刷で作成されています。
・本書の内容に関するご意見、お問い合わせは、発行元の
　まちごとパブリッシング info@machigotopub.com までお願いします。

まちごとチャイナ
上海002浦東新区
～最先端が生まれる「未来都市」［モノクロノートブック版］

2017年11月14日　発行

著　者	「アジア城市（まち）案内」制作委員会
発行者	赤松　耕次
発行所	まちごとパブリッシング株式会社
	〒181-0013　東京都三鷹市下連雀4-4-36
	URL http://www.machigotopub.com/
発売元	株式会社デジタルパブリッシングサービス
	〒162-0812　東京都新宿区西五軒町11-13
	清水ビル3F
印刷・製本	株式会社デジタルパブリッシングサービス
	URL http://www.d-pub.co.jp/

MP088

ISBN978-4-86143-222-4 C0326　　　　Printed in Japan
本書の無断複製複写（コピー）は、著作権法上での例外を除き、禁じられています。